WOJCIECH KOŁAKOWSKI

POKOCHAJ COLD CALLING

PORADNIK DLA HANDLOWCÓW I PRZEDSIĘBIORCÓW

Korekta: Gabriela Golec
Korekta techniczna: Gabriela Jasińska
Projekt okładki i opracowanie graficzne: Wojciech Kołakowski
Skład: InkWander

ISBN: 9788397221826

Limitless Mind Publishing Ltd
15 Carleton Road
Chichester
PO19 3NX
England
Tel. +44 7747761146
Email: office@limitlessmindpublishing.com

Drogi Czytelniku!

Znajdź nas na Facebook/Instagram:
limitless mind publishing
Odwiedź naszą stronę na Amazon
wpisując w wyszukiwarkę limitless mind publishing
lub skanując kod, aby zobaczyć nasze inne pozycje.

♥ *Będziemy bardzo wdzięczni za Twoją opinię na temat książki. To znaczy dla nas wiele.*

SPIS TREŚCI

WPROWADZENIE

Każdy handlowiec, nie tylko ten na początku swojej kariery, bez względu na to co sprzedaje, powinien przejść przez etap „cold callingu". Pocieszę Cię, z upływem czasu będziesz lepiej poznawał swój rynek. Będziesz też w związku z tym, w sposób przemyślany budował rozpoznawalność zarówno siebie i swoich produktów, oraz usług. Ilość twoich kontaktów zacznie działać jak kula śniegowa i nie będziesz już musiał tak dużo czasu spędzać telefonując. Jednak z mojego własnego doświadczenia mogę Ci zagwarantować, że ta umiejętność to super moc, która jest porównywalna ze znajomością kilku języków obcych i nikt Ci jej nie odbierze. Jest to umiejętność, która w ogromnej ilości przypadków da Ci taką przewagę konkurencyjną, że bez względu na to gdzie „wylądujesz", zawsze sobie poradzisz!

Co to jest Cold Calling i co to daje?

Jest to czynność, technika handlowa będąca etapem procesu sprzedaży, polegająca na dzwonieniu do twoich potencjalnych klientów, czyli tak zwanych Leadów, celem umówienia spotkania lub uzyskania zgody na przedstawienie im Twojej oferty.

To nie jest ani prosta, ani szybka czynność, bo wymaga przygotowania, ale wiele ucząca i skuteczna, jak nic innego. Ten etap musi przejść każdy, kto chce coś osiągnąć w handlu czymkolwiek. Mało tego, to jest czynność, która powinna być w twoim codziennym harmonogramie. Mówimy tu nie o 10, czy 20 telefonach tygodniowo, ale czasem o dziesiątkach telefonów dziennie i setkach tygodniowo. Swoją drogą życzę Ci, abyś dysponował bazą kontaktów, która Ci pozwoli na takie dzwonienie. Wszystko finalnie zależy właśnie od niej.

W tym przypadku nie ma nic bardziej skutecznego jak konsekwencja w działaniu. Efektem dobrego i konsekwentnego dzwonienia jest sama statystyka. Jeśli chcesz uzyskać efekty i przychody z sukcesem zamkniętych transakcji, to musisz dzwonić nawet, gdy masz już zrobiony target.

Pewnie właśnie zadajesz sobie pytanie, jakie efekty można osiągnąć dzięki tej formy pracy? No cóż, mając na uwadze czas, który trzeba poświęcić na wykonanie kilkudziesięciu telefonów, ich skuteczność na poziomie kilku, może 10%, to wynik, który okazuje się być dużo lepszy od jakiejkolwiek innej techniki. Skuteczność jest naprawdę duża.

Spójrz na to jeszcze z innej strony. Zakładając, że oferowana przez Ciebie usługa ma rynkową cenę i jakość, jeśli wygrasz jeden kontrakt na 10 zapytań, do których pozyskania potrzebowałeś wykonać 50 czy 100 telefonów, których faktyczne wykonanie zajęło ci… no powiedzmy, że sumarycznie był to jeden dzień. A teraz wyobraź sobie, że dysponujesz bazą kontaktów, która daje Ci szansę intensywnego dzwonienia 2 razy w tygodniu, co finalnie mogłoby skutkować pozyskaniem przez Ciebie 2 nowych kontraktów w tygodniu, czyli 8 kontraktów w miesiącu itd.

Pewnie teraz myślisz, że jaja sobie z ciebie robię. Nie zapomnij, że mówimy o 100 wykonanych telefonach. Kiedy ostatni raz tyle dzwoniłeś? Niektórzy wykonują tyle telefonów przez pół roku czy rok i nadal zastanawiają się, co robią źle…

Pamiętaj też, że tematy małe, za tysiąc, trzy, czy pięć tysięcy wchodzą dużo szybciej i bez dużego wysiłku, niż kontrakty za kilkanaście, czy kilkadziesiąt tysięcy miesięcznie. W przypadku tych dużych tematów zawsze zalecałem, by je realizować, ale się na nich bezgranicznie nie skupiać. Nie liczyć na gwiazdkę z nieba, że wejdzie i zrobi nam target. Trzeba ciągle pracować u podstaw, ale robiąc wszystko, by te duże tematy nam weszły.

PERFEKCYJNE PRZYGOTOWANIE DO ZIMNYCH TELEFONÓW

W handlu jak w sporcie, trening czyni mistrza. Od tego, jak dobrze się przygotujesz zależeć będą Twoje wyniki, a one odróżniają zawodowców od amatorów.

1. Przygotowanie do rozmowy

Zrób jak najlepszy research nt. potencjalnych klientów, do których będziesz dzwonił. Po pierwsze zadbaj o dobrą bazę kontaktów, na której będziesz mógł pracować. Następnie najlepiej jeśli wykonasz segmentację potencjalnych klientów na poszczególne grupy. W ten sposób adekwatnie określisz ich potrzeby względem świadczonych przez Twoją firmę usług i w ten sposób dopasujesz do nich usługi, którymi możesz ich bardziej zainteresować.

W najlepszych okolicznościach powinieneś dysponować awatarem swojego idealnego klienta, ale najlepsze co mogę w tej chwili zrobić, to odesłać cię do dziesiątek publikacji na temat tego w jaki sposób go stworzyć i używać.

2. Ustal cel rozmowy

Najważniejsza zasada, by nie ulec szybkiemu wypaleniu i zniechęceniu do dzwonienia - ustal, co jest Twoim celem na już. Na tym etapie nie powinno Ci zależeć na sprzedaży czegokolwiek. Maksymalnie, powinno Ci zależeć na umówieniu spotkania u klienta. Minimalnie, chodzi po prostu o zdobycie kontaktu do osoby decyzyjnej w tym konkretnym zakresie. Na tym etapie możesz też uzyskać informacje na temat tego, czy klient korzysta z usług, które chcesz mu zaoferować.

3. Skoncentruj się na korzyściach

Przygotuj się do rozmowy, jak zainteresować klienta, używając „języka korzyści". Więcej o nim napiszę Ci w którymś z kolejnych rozdziałów. Naucz się, jak używając go podkreślić, jakie korzyści klient osiągnie dzięki usługom oferowanym przez Twoją firmę. Jakie dodatkowe jego potrzeby zaspokajasz, oferując usługi komplementarne. Jeśli do perfekcji opanujesz tę umiejętność, to będziesz lepszy niż 99% twoich konkurentów, którzy wciąż tkwią w epoce cech i zalet produktów.

4. Budowanie relacji

Bez względu na to, czy Twoje produkty lub usługi są adresowane do klientów B2B, czy B2C, od samego początku rozmowy pamiętaj o tym, aby się UŚMIECHAĆ. Nie zwracaj uwagi na to, że twój rozmówca cię nie widzi i przecież nie zobaczy Twojego śnieżnobiałego uśmiechu. Twój uśmiech słychać w słuchawce. Nie wierzysz? Zróbmy mały eksperyment. Zamknij oczy i dwa razy powiedz to samo krótkie zdanie: „Dzień dobry Pani!", tylko za pierwszym razem powiedz to normalnie, bez uśmiechu na ustach, a za drugim z szerokim uśmiechem. Dzięki temu, że zamkniesz oczy, wytężysz słuch i będziesz w stanie bardziej skupić się na tym, jak brzmisz. I co sądzisz? Słyszysz różnicę? Super! To pomoże Ci w budowaniu pozytywnej relacji dzięki swojemu dobremu nastawieniu. Okaż zainteresowanie swojemu rozmówcy i nie zapomnij o krótkim „small talku", czyli zagajeniu rozmowy np. od pytania niezwiązanego z głównym celem Twojej rozmowy. Z biegiem czasu sam będziesz wyczuwał, kiedy będziesz mógł sobie na to pozwolić i jak bardzo pomoże Ci to w osiągnięciu celu.

Uśmiechaj się!
Twój uśmiech słychać w słuchawce.

5. Dopasuj ofertę do klienta

Pamiętasz pkt. 1? Przygotowanie się w profesjonalny sposób do rozmowy da Ci większą pewność siebie w trakcie jej trwania. Dzięki przygotowaniu będziesz mógł dopasować swoją propozycję do potrzeb nie tylko tego konkretnego klienta, ale całej grupy, do której kierujesz swoją ofertę. To w sposób znaczący może pomóc Ci zainteresować go Twoją idealną ofertą i ułatwi umówienie spotkania. Jak to zrobić? Jeśli zdecydujesz się dzwonić do firm logistycznych, których przy węzłach autostradowych może być bardzo dużo, zastanów się, jaki zakres usług będzie dla nich najbardziej odpowiedni, co należy im zaproponować? Czego możesz się spodziewać? Tego, że w przypadku usługi utrzymania czystości będą to duże powierzchnie magazynowe pokryte betonową lub żywiczną posadzką, którą należy obsługiwać maszynowo, a do tego możesz wykorzystać np. maszyny autonomiczne, a to może być twoim wyróżnikiem. Jeśli zaś zdecydujesz się dzwonić do firm zajmujących powierzchnię biurową, warto byś był przygotowany z usługami dedykowanymi nie tylko powierzchniom pokrytym wykładzinami dywanowymi, ale również np. Z aromamarketingiem lub innymi usługami fakultatywnymi, które mogą być przysłowiowym wyzwalaczem współpracy. Tak samo będzie w przypadku każdego innego rodzaju biznesu, który obierzesz za swój cel. Po prostu dobrze się zastanów, jakie mogą być główne potrzeby Twojego rozmówcy i jego obiektu oraz jakiego typu problemy może on z tego powodu mieć na co dzień, które całkiem przypadkiem, Twoja usługa rozwiązuje.

6. Prosta komunikacja

Musisz pamiętać, że będziesz rozmawiał z laikiem, który nie ma doświadczenia w Twojej branży, za to prawdopodobnie ma problemy, które możesz w prosty sposób rozwiązać. Twój rozmówca może czuć się zakłopotany, jeśli będziesz używał zbyt dużo fachowego żargonu lub okażesz ostentacyjne zdziwienie jego niezrozumieniem, o czym do niego mówisz. Wyobraź sobie, że twój rozmówca ma kilkanaście lat tj. nie jest już dzieckiem i nie musisz traktować go infantylnie, ale może nie do końca być świadom tego, o czym rozmawiacie, jeśli zalejesz go fachowymi określeniami w stylu bonetowania, mopowania, ekstrakcji, czy stripowania. Tak samo wyglądają moje rozmowy z informatykami, gdy mówią dlaczego drukarka nie drukuje, coś w stylu, że sieć LAN nie pinguje, bo switche są źle scrossowane. Pomijam to, że miałem prawo coś pomieszać, ale jednocześnie, sam fakt, że powiedzieli coś, co brzmiało cokolwiek profesjonalnie, wcale nie sprawia, że mam większe poczucie tego, że wiedzą, o czym mówią i tym bardziej wiedzą, jak to naprawić. Chyba rozumiesz, że nie jest to język, którym powinien się porozumiewać dobry handlowiec, pragnący od samego początku zbudować dobrą relację ze swoim potencjalnym klientem.

7. Zaufanie

Stara zasada głosi, że aby ktokolwiek był w stanie kupić od Ciebie cokolwiek, musi Cię wpierw poznać, potem polubić, aż w końcu Ci zaufać. Brzmi dość prosto, ale proste wcale nie jest. W wielu przypadkach jest to żmudny proces, który angażuje wiele obszarów dobrze skrojonego marketingu. Nie dramatyzujmy jednak i skupmy się na tym, że chcemy ten proces przejść niemalże podczas jednej rozmowy telefonicznej, dlatego spróbujmy ten proces opisać w skrócie:

A. Przedstaw się w sposób jasny i zrozumiały, od razu sygnalizując, jaki główny problem rozwiązuje firma, którą reprezentujesz.

B. Buduj relacje poprzez dopasowany, krótki small talk, zainteresowanie dobrym pytaniem.

C. Dzięki dopasowaniu oferty i jasnej komunikacji budujesz zaufanie klienta. Podczas tego etapu rozmowy pamiętaj, żeby nie oferować czegokolwiek, czego nie możesz zrealizować, najlepiej więc nie obiecuj niczego, a już na pewno nie składaj wiążących ofert cenowych. Usługa profesjonalna, jak sprzątanie, ma zbyt wiele składników kosztotwórczych, abyś był w stanie składać oferty przez telefon.

Zaufaj mi, dzięki temu nie będziesz za wszelką cenę tzw. „Yes Manem", który stara się włożyć nogę w drzwi i zgadza się na wszystko, by jak najszybciej osiągnąć swój cel. Wielu klientów jest dostatecznie świadomych tego, co robią i z kim rozmawiają oraz przeprowadzają tych rozmów na tyle dużo, że mają swoje techniki szybkiego testowania tego, z kim warto kontynuować rozmowę. W tym kontekście wysłanie oferty cenowej na przysłowiową „pałę" nie zaprowadzi cię za daleko. Pamiętaj, że mówimy tu o usługach profesjonalnych i kontraktach o znacznej wartości.

8. Zbijanie obiekcji

Przygotuj się na pytania ze strony klienta oraz, że może podawać w wątpliwość jakość oferowanych przez Ciebie usług. Odpieranie obiekcji jest kluczowe w zimnych telefonach. Najlepiej przygotuj argumenty oparte na faktach i sukcesach Twojej firmy, które zniwelują wątpliwości klienta. Przykłady zadowolonych klientów, case study i statystyki sukcesów są niezastąpione. Warto, byś analizował wcześniejsze rozmowy, by zidentyfikować częste obiekcje i opracować na nie konkretne odpowiedzi. Pamiętaj też, że każda obiekcja to szansa na lepsze zrozumienie potrzeb klienta i dostosowanie oferty, dlatego zbieraj je, jak Twoja babcia figurki słoników z podniesioną trąbą, bo im więcej ich zbierzesz, tym lepiej przygotujesz się do kolejnej rozmowy. Musisz pamiętać, że obiekcje, to nie obiektywne przeciwskazania do zawarcia kontraktu, a jedynie mniej lub bardziej zlokalizowane w przeszłości zdarzenia, które sprawiły ostrożność Twojego rozmówcy. Co ważne, one nie mają nic wspólnego z Tobą i Twoją usługą, więc nie traktuj ich personalnie, a jedynie jako Twoje doświadczenie. Dlatego bądź przygotowany do pracy na nich, analizując swoje dotychczasowe rozmowy.

9. Zakończenie, to nie KONIEC!

To nie jest KONIEC! To dopiero POCZĄTEK! Pamiętaj, że twoim celem jest umówienie spotkania lub zdobycie kontaktu do osoby decyzyjnej. Gdy udało Ci się już zbić ostatnią obiekcję klienta i pokazać, że fakt, że do niego dzwonisz jest dla niego szansą, a nie zagrożeniem, podziękuj mu za dobrą rozmowę. Potwierdź ustalenia i okaż szacunek. Zależnie od tego jaki był faktyczny ustalony i osiągnięty przez Ciebie cel rozmowy, zabawa się dopiero zaczyna. Nie zapominaj też, że każda rozmowa to jak randka z nieznajomym – ważne jest pierwsze wrażenie, ale prawdziwa magia dzieje się, gdy już sobie zaufacie.

A zatem, podczas gdy oficjalnie kończysz rozmowę, mentalnie przygotuj się na następną fazę. To, co mówisz na pożegnanie, może otworzyć drzwi do kolejnych możliwości. Może to brzmieć trochę jak „do widzenia, ale nie na zawsze", więc użyj swojego najbardziej radiowego głosu, by zapewnić, że ten finał brzmi bardziej jak zaproszenie, a mniej jak pożegnanie. Możesz nawet rzucić lekkie „Mam nadzieję, że nie będziesz tęsknić za moim głosem zbyt długo!" – oczywiście, jeśli atmosfera rozmowy na to pozwala.

Każde zakończenie rozmowy to także cenna lekcja, więc notuj sobie, co się udało, a nad czym musisz jeszcze popracować. To trochę jak podsumowanie po dobrym serialu – chcesz wiedzieć, co można poprawić w następnym sezonie.

Zatem, gdy już położysz słuchawkę, zadbaj o to, by Twoje ostatnie słowa były tak zapadające w pamięć, jak cliffhanger w ulubionym serialu Twojego klienta. To sprawi, że nie będą mogli się doczekać kolejnego odcinka, czyli Waszej następnej rozmowy!

10. Notatki

Jeśli masz w swojej firmie wdrożony CRM, to dobrze, jeśli jeszcze nie, to poważnie o tym pomyśl. Na tym etapie notatki możesz zrobić gdziekolwiek, ale dość łatwo powinno Ci być je robić np. W arkuszu kalkulacyjnym excel, gdzie będziesz mógł odpowiednio poukładać wprowadzane dane. Tak czy inaczej, najważniejsze jest byś systematycznie robił notatki po każdej rozmowie z klientem. Notatki stanowią Twoją bazę wiedzy o klientach i są fundamentem dla skutecznych przyszłych interakcji. Podczas tworzenia notatek skoncentruj się na szczegółach, które mogą być kluczowe podczas przyszłych rozmów. Zapisuj nie tylko podstawowe informacje jak imię, stanowisko czy branża, ale także osobiste preferencje, problemy oraz oczekiwania względem Twojej oferty.

Podczas tworzenia notatek skoncentruj się na szczegółach…

Warto także odnotować, jakie konkretnie obiekcje i pytania były poruszane. Takie informacje pomogą Ci lepiej zrozumieć, co motywuje Twojego klienta, a także jakie mają wątpliwości inne osoby decyzyjne w tej samej branży. Pamiętaj, aby po każdej rozmowie szybko zaktualizować notatki, zanim szczegóły uciekną Ci z pamięci.

Aby notatki były jeszcze bardziej efektywne, rozważ ich kategoryzację, np. według stopnia zaawansowania rozmów, potencjalnej wartości kontraktu, czy specyficznych potrzeb klienta. Dzięki temu łatwiej Ci będzie przeszukiwać dane i tworzyć raporty, które mogą okazać się nieocenione przy planowaniu strategii sprzedażowych, marketingowych i analizie danych.

Nie zapominaj też o wprowadzaniu śladów interakcji, takich jak data i godzina rozmowy, co pozwoli na utrzymanie odpowiedniej chronologii i ocenę, kiedy najlepiej ponownie skontaktować się z klientem. Optymalne wykorzystanie notatek zwiększa Twoje szanse na sukces, ponieważ pozwala budować głębsze i bardziej osobiste relacje z klientami, co jest nieocenione w świecie profesjonalnych usług. Dzięki temu będziesz mógł nie tylko dbać o swoje relacje z klientami w przyszłości, ale też odświeżyć swoją pamięć przed kolejnym kontaktem ze swoim klientem, od którego ostatnio dostałeś „kosza". Jak dobrze do tego podejdziesz to zaczniesz już od pkt. 4 :).

PERFEKCYJNY SKRYPT ROZMOWY

Czy kiedykolwiek zastanawiałeś się, jak stworzyć idealny skrypt rozmowy, który sprawi, że Twoje zimne telefony przestaną być chłodnym obowiązkiem, a zaczną przypominać ciepłe spotkania przy kawie? Dobrze, że tu jesteś! w tym rozdziale otrzymasz solidną dawkę inspiracji, aby stworzyć własny, idealnie dopasowany skrypt. To jak mapa skarbów, która poprowadzi Cię do udanych rozmów z potencjalnymi klientami, pomagając na początku Twojej ekscytującej podróży przez świat zimnych telefonów.

Pamiętaj jednak, że nie musisz trzymać się sztywno zaproponowanego skryptu. To nie jest zbiór reguł, lecz raczej zestaw wskazówek, które możesz modyfikować według własnych potrzeb. Kluczem jest, aby inspirować się tymi wskazówkami, a następnie stworzyć swój niepowtarzalny skrypt, który będzie otwierał wszystkie drzwi, do których „zapukasz". Twój skrypt powinien być elastyczny i dostosowany do Twojej osobowości oraz stylu rozmowy, dzięki czemu stanie się narzędziem, które pomoże Ci zjednać sobie klientów.

Przygotowałem dla Ciebie dwa przykładowe skrypty, które roboczo nazwałem „Krótkim" i „Długim". Ideom tego nazewnictwa jest fakt, że choć w części oba się pokrywają, to jeden jest bardziej swobodny i daje większe pole do popisu i rozwijania konwersacji. W praktyce, choć to ty kierujesz rozmową, to to, którą drogę obierzesz zależeć będzie od tego, kim będzie twój rozmówca.

Rozmowa krótka

Oto przykładowy skrypt rozmowy. Jest on Twoją inspiracją do wypracowania własnego najlepszego skryptu, by dać Ci wsparcie, na początku Twojej przygody z zimnymi telefonami!

- *Dzień Dobry! Nazywam się [Twoje imię i nazwisko] dzwonię z firmy [Nazwa Firmy], dzięki nam [Podaj charakterystyczny dla Twojej branży problem, który rozwiązuje Twoja firma] chciałbym porozmawiać z osobą decyzyjną w zakresie współpracy z firmą sprzątającą np. kimś, kto odpowiada za zawieranie takiej współpracy.*

- *TAK: Bardzo proszę, tymi sprawami w naszej firmie zajmuje się Pan/ Pani [imię i nazwisko].*

To było zbyt proste, ale i tak się zdarza. W tym przypadku za chwilę podejmujesz próbę kontaktu ze wskazaną osobą i kujesz żelazo póki gorące. Jeśli zaś słyszysz:

- *NIE!: W jakiej sprawie Pan dzwoni? Proszę złożyć ofertę na e-mail, a jeśli będziemy zainteresowani, to się do Pana odezwiemy.*

To też nie jest tragicznie, bo mogłeś usłyszeć, że nie są zainteresowani, a dzięki temu przynajmniej teoretycznie, możesz kontynuować rozmowę w takim kierunku, by dowiedzieć się, kiedy np. kończy im się aktualny kontrakt lub z kim aktualnie współpracują. W tym przypadku możesz też zareagować w sposób następujący:

• *Bardzo bym chciał, aby to było takie proste z mojej strony, ale niestety sprzątanie to tylko na pozór prosta czynność, szczególnie w jego profesjonalnym wymiarze. Przecież sama Pani wie, jak męcząca jest to czynność prawda? [Tutaj robisz pauzę i pozwalasz swojemu rozmówcy by przyznał Ci rację]. A do tego, by ją dobrze wycenić należy wziąć pod uwagę bardzo dużo czynników i zmiennych. Chociażby materiały wykończeniowe, czy godziny w jakich możemy sprzątać Państwa biuro. Zgadza się Pani ze mną? [Ponownie dajesz czas rozmówcy by przyznał Ci rację. To bardzo ważne, ale rozwinę tę kwestię trochę później]. Dlatego, szanując Pani czas, proszę pomóc mi dobrze wykonać moją pracę i pokierować mnie, z kim powinienem rozmawiać, aby umówić się na spotkanie w sprawie złożenia Państwu oferty. Nadmienię tylko, że oprócz samego sprzątania świadczymy również takie usługi jak [krótko wymień usługi dodatkowe, które mogą być interesujące dla Twojego rozmówcy].*

Teraz dajesz czas na odpowiedź ze strony Twojego rozmówcy.

• *TAK: Dobrze.*

W tym przypadku za chwilę podejmujesz próbę kontaktu ze wskazaną osobą i zaczynasz od początku.

Może też być mniej kolorowo:

• *NIE: Proszę Pana, ja już powiedziałam, jak to się u nas odbywa.*

W tym przypadku możesz zareagować w sposób następujący:

- *Rozumiem. W takim razie czy może mi Pani przedstawić zakres czynności i harmonogram świadczenia usługi, na który mógłbym przygotować wycenę?*

Oczywiste jest, że jest to tylko wybieg by i tak doprowadzić do spotkania. Twój rozmówca może wcale nie być zadowolonym z tego pytania. Może być zirytowany. Musisz jednak wiedzieć, że ten telefon, podobnie jak wiele innych, może skończyć się niepowodzeniem. Nie jest to jednak powód by się poddawać, dlatego wolę przygotować cię na taki obrót sprawy.

Możesz w tym miejscu też wskazać, że rozumiesz, że być może są w trakcie realizacji aktualnego kontraktu i nie mają w zamiarze rozstawania się z aktualną firmą, możesz wówczas powiedzieć:

- *Domyślam się, że jesteście aktualnie związani jakimś kontraktem, ale też wiem, że być może za jakiś czas będziecie zbierać oferty z rynku. Chciałbym mieć wówczas możliwość złożenia Państwu oferty. W jaki sposób mogę „wpaść" do waszego koszyka, z którego będziecie rozsyłać zapytania ofertowe.*

Tutaj możesz wrócić do kwestii kontaktu z osobą, która za to odpowiada. Pamiętaj, to jest tylko gra, która nie ma nic wspólnego z osobistymi uprzedzeniami, bo przecież nie znacie się osobiście.

A teraz wrócę do akapitu, w którym dwa razy zasugerowałem byś poprowadził rozmowę w taki sposób, by rozmówca niejako, odruchowo przyznał Ci rację. Jest to technika wykorzystująca mechanizm **„Efektu Zgodności”**, który jest podstawą **„Techniki Zgody”** jednej z technik zamykania sprzedaży. Ta technika polega na uzyskaniu od klienta kilku potwierdzeń na kluczowe aspekty rozmowy, co prowadzi do zwiększenia prawdopodobieństwa, że klient również zgodzi się na proponowaną ofertę pod koniec rozmowy.

- Na przykładzie sentencji zawartych w proponowanym skrypcie: „Przecież sama Pani wie, jak męcząca jest to czynność, prawda?” i czekasz, aż klient zgodzi się z tym stwierdzeniem.
- Następnie kontynuujesz, przedstawiając kolejne wyzwanie związane ze sprzątaniem, wskazując na czynniki, które trzeba wziąć pod uwagę przy wycenie usługi i zadajesz kolejne pytanie, na które oczekujesz zgody:
- „Zgadza się Pani ze mną?” w ten sposób, uzyskujesz potwierdzenie od klienta na kluczowe aspekty, na których bazuje Twoja oferta.

Zgadza się Pani ze mną?

Technika ta opiera się na psychologicznym efekcie zgodności, który mówi, że ludzie mają tendencję do utrzymywania spójności w swoich odpowiedziach i działaniach. Oznacza to, że jeśli klient zgodzi się z Tobą na początku rozmowy, będzie miał skłonność do dalszej zgody, by zachować konsekwencję w swoim postępowaniu. Dzięki temu w końcowej części rozmowy, kiedy poprosisz o zgodę na spotkanie, klient będzie bardziej skłonny się zgodzić, ponieważ zgodność z wcześniejszymi odpowiedziami sprawia, że czuje się bardziej zobowiązany do dalszej współpracy.

Twoje pytania w sentencji są zaplanowane w taki sposób, aby klient poczuł się zaangażowany i zgadzał się z Twoimi stwierdzeniami, co prowadzi do budowania pozytywnej relacji i zwiększa szanse na zamknięcie sprzedaży.

To doskonały przykład zastosowania **„Techniki Zgody”** w praktyce.

Rozmowa długa

Oto druga propozycja skryptu rozmowy, która może potoczyć się w zupełnie inny sposób. W tym przypadku już na początku rozmowy jako haka na uwagę używasz świadczonych przez Twoją firmę usług dodatkowych.

- *Dzień Dobry! Nazywam się [Twoje imię i nazwisko] dzwonię z firmy [Nazwa Firmy] świadczymy usługi profesjonalnego sprzątania biur, dostarczania świeżych kwiatów i owoców do biur oraz zakładania i utrzymania zieleni w przestrzeniach biurowych. Chciałbym porozmawiać z osobą, która odpowiada za współpracę takimi firmami jak nasza. Słyszała już Pani o „owocowych czwartakach” oraz zieleni w biurach i ich korzystnym wpływie na pracowników i relacje z klientami?*

- *TAK: To bardzo ciekawe, co Pan mówi. Bardzo proszę, tymi sprawami w naszej firmie zajmuje się Pan/Pani [imię i nazwisko].*

W tym przypadku za chwilę podejmujesz próbę kontaktu ze wskazaną osobą.

- *NIE: Ale w jakiej sprawie Pan dzwoni? Proszę złożyć ofertę, jeśli będziemy zainteresowani to się do Pana odezwiemy.*

W tym przypadku możesz zareagować w sposób następujący:

- *Super, bardzo chętnie, ale mogę jedynie wysłać ogólny folder informacyjny, w którym niestety nie znajdzie Pani żadnych konkretów, bo aby złożyć coś wiążącego, to musiałbym zadać trochę dodatkowych pytań. Szczególnie w kwestii sprzątania. Na pewno sama Pani wie jak wymagające i męczące to potrafi być zajęcie. Szczególnie w jego profesjonalnej odsłonie w której mamy bardzo dużo zmiennych jak, choćby... [Twoje własne doświadczenia] Chyba, że ma Pani teraz 20 minut, to mogę od razu pani zadać te pytania?!*

Tutaj możesz się spodziewać albo odmowy, albo odesłania do innej osoby, tak samo jak powrotu do kwestii wysłania ogólnego folderu. Oczywiście możesz w tym miejscu też powiedzieć:

• *Rozumiem, że być może są Państwo w trakcie realizacji aktualnego kontraktu i nie mają w zamiarze rozstawania się z aktualną firmą, ale też wiem, że być może za jakiś czas będą zbierać oferty z rynku. Chciałbym mieć wówczas możliwość złożenia Państwu oferty. W jaki sposób mogę „wpaść" do koszyka, z którego rozsyłają Państwo zapytania.*

Tutaj możesz wrócić do kwestii kontaktu z osobą, która za to odpowiada. W tym przypadku możesz nawiązać do koncepcji wellbeing-u pracowników spędzających czas w ich biurach i tego, jak Twoje usługi mogą wpłynąć na poprawę jego poziomu.

• *W naszej firmie postawiliśmy na partnerstwo adresowane do naszych klientów i ich pracowników. Skupiliśmy się na koncepcji wellbeing-u która jak pokazują różne badania, ma doskonały wpływ na poziom zadowolenia pracowników z czasu spędzonego w biurze, tak samo jak na ich efektywność. W ten sposób sprawiamy, że obie strony umowy są dużo bardziej zadowolone niż w przypadku standardowej relacji z firmą sprzątającą. To co, znajdzie pani dla mnie 15 minut, czy wskaże mi Pani osobę, z której będę mógł zaprezentować korzyści, które możecie, dzięki temu osiągnąć? [Zapamiętaj to zdanie. Wrócę do niego nieco później].*

W przypadku gdy osoba zgodzi się poświęcić Ci 15-20 minut na rozmowę telefoniczną, to musisz mieć przygotowaną listę kontrolną podstawowych pytań, w trakcie których i tak będziesz wskazywał, że lepiej się spotkać osobiście i np. od razu zobaczyć, jak wyglądają obszary do sprzątania.

Jeśli jednak uda Ci się przebrnąć przez przygotowaną listę pytań, to pamiętaj by złożyć taką ofertę, jednak opatrzyć ją klauzulą informującą o tym, że nie jest to „oferta handlowa w rozumieniu prawa handlowego", a jej ostateczna wersja wymaga precyzyjnych oględzin obiektu w tzw. naturze. W takim przypadku możesz pokusić się nawet o to, by pokazana cena usługi sprzątania była bardzo atrakcyjna.

Dobrą opcją jest też, byś taką ofertę dostarczył do wspomnianego biura osobiście. Musisz w tym przypadku wiedzieć, do kogo adresujesz tę ofertę z imienia i nazwiska. Wówczas łatwiej będzie Ci dostać się do biura, powołując na adresata Oferty, ale też nawiązać z tą osobą bardziej osobisty kontakt i kontynuować budowanie relacji.

A teraz wrócę do ostatniego zdania, w którym proponowałeś rozmówcy wybór. W tym przypadku, zaproponowałeś dwie opcje: spędzenie 15 minut na rozmowie z Tobą lub wskazanie osoby, z którą możesz omówić korzyści, jakie oferujesz. Obie propozycje są dla Ciebie korzystne, jednak druga opcja, która pozwala rozmówcy zrzucić z siebie odpowiedzialność, jest również bardziej pożądana. Dzięki temu klient czuje, że ma wybór, a Ty osiągasz zamierzony efekt, którym jest przekazanie rozmowy osobie decyzyjnej.

Jest to prosty przykład zastosowania bardzo skutecznej techniki zamykania sprzedaży, którą nazywa się **„Technika Alternatywnego Wybierania"** lub **„Techniką Pozornego Wyboru"**. Jest ona bardzo skuteczna, ponieważ daje klientowi poczucie władzy i kontroli nad sytuacją. Klient, dokonując wyboru, czuje się bardziej zaangażowany w proces, co sprawia, że jest bardziej skłonny do podjęcia pozytywnej decyzji. Jednocześnie obie opcje są korzystne dla Ciebie, więc bez względu na wybór klienta, osiągasz swój cel. Ta technika jest szczególnie przydatna w sytuacjach, w których klient może być niezdecydowany lub niechętny do podjęcia decyzji, ponieważ daje mu poczucie, że dokonuje aktywnego wyboru, zamiast być prowadzonym przez sprzedawcę.

Podsumowując ten rozdział, chciałbym zwrócić Twoją uwagę na dwa ważne aspekty każdego skryptu i każdej rozmowy.

Po pierwsze czasy uczenia się skryptów na pamięć już dawno minęły. Nie rób tego błędu. Musisz być elastyczny i naturalny, a skrypt ma być jedynie zbiorem drogowskazów, które mają pomóc Ci właściwie poprowadzić rozmowę.

Po drugie, warto byś zgłębiał wiedzę na temat najskuteczniejszych technik zamykania sprzedaży i testował ich stosowanie w praktyce w każdej rozmowie. Oczywiście, możesz być teraz zdziwiony, o czym mówię, o jakiej sprzedaży, przecież my tylko umawiamy spotkanie?! To jest właśnie coś, co chcesz sprzedać swojemu rozmówcy. Spotkanie z tobą, to twój towar handlowy podczas każdej rozmowy telefonicznej.

TRUDNY KLIENT – JAK SOBIE Z NIM RADZIĆ?

Cold calling, choć pełen wyzwań, to ogromna szansa na nawiązanie kontaktu z potencjalnymi klientami. Jednakże wszyscy handlowcy wiedzą, że nie zawsze jest to rozmowa, która kończy się sukcesem. Statystycznie rzecz ujmując, zdecydowanie częściej kończy się to niepowodzeniem. Radzenie sobie z trudnymi klientami jest częścią tej gry. Tak, GRY i niczego więcej! Umiejętność radzenia sobie z odmową i budowania odporności psychicznej jest kluczowa. W przeciwnym razie spłoniesz jak świeczka. Bycie handlowcem, skutecznym handlowcem, to nie jest zabawa dla mięczaków, to super moc wygrywania. Choć alegorii jest wiele, to spójrz na to jak na Olimpijczyków startujących na Igrzyskach. To nie są ludzie, którym zawsze wychodziło i zawsze wychodzi. To są ludzie, którym bardzo często nie wychodziło, ale z tego powodu nigdy się nie poddali.

W tym rozdziale przyjrzymy się, jak skutecznie reagować na trudne sytuacje podczas cold callingu.

Podczas zimnych telefonów, zdarzają się klienci, którzy są obojętni, nieuprzejmi lub otwarcie odmawiają. Jest to naturalne, że odmowa może wpływać na nasz nastrój. Z psychologicznego punktu widzenia, reakcje na odrzucenie mogą wynikać z głęboko zakorzenionego ludzkiego pragnienia akceptacji. Według badań psychologicznych odmowa może wywoływać reakcje podobne do bólu fizycznego, ponieważ te same obszary mózgu są zaangażowane w oba doświadczenia.

Na szczęście są jednak skuteczne sposoby jak sobie radzić z takimi sytuacjami. Oto 3 metody, które nie wyczerpują tematu, ale wybrałem je jako dla mnie te najważniejsze:

1. **Oddzielić osobę od sytuacji:** Rozmówca może być niezainteresowany Twoją ofertą, ale to nie oznacza, że odrzuca Ciebie osobiście. To kluczowy punkt, który psychologowie nazywają oddzieleniem ego od sytuacji. W psychologii, koncept ten polega na zrozumieniu, że osobista wartość nie zależy od jednej konkretnej sytuacji. Wniosek: odmowa klienta dotyczy oferty, akcji złożenia oferty, ale nie ciebie. To nic personalnego.
2. **Praktykować samoakceptację:** Jednym ze sposobów radzenia sobie z odmową jest praktyka samoakceptacji. Badania pokazują, że osoby, które akceptują siebie, są mniej podatne na negatywne emocje związane z odrzuceniem. Samoakceptacja to nie tylko akceptacja swoich sukcesów, ale także zrozumienie, że błędy są naturalną częścią procesu uczenia się. Wniosek: Bez porażek i potknięć, nie byłoby wniosków i sukcesów.
3. **Utrzymać perspektywę:** Cold calling to tylko jedna część Twojej pracy, a nie jej całość. Ważne jest, aby utrzymać szeroką perspektywę i pamiętać, że pojedyncza rozmowa nie definiuje Twojego życia i kariery. W dziedzinie zdrowia psychicznego, technika ta jest znana jako kształtowanie rezyliencji, czyli zdolności do adaptacji w obliczu trudności. Wniosek: Praca, rozmowa telefoniczna, złożona oferta, czy

odbyte spotkanie, również to, które nie wyszło, to tylko cząstka Twojego życia. Oprócz tego jest rodzina, są przyjaciele i znajomi. Jest pasja, jest wiara, jest całe życie. Kilka godzin dziennie spędzonych w pracy, to tylko chwila, która mija i nie możesz jej pozwolić by to ona definiowała Ciebie samego.

Oddziel osobę od sytuacji... To nic personalnego

Radzenie sobie z trudnymi klientami podczas zimnych telefonów, to umiejętność, którą warto rozwijać i zarażać pozytywnym myśleniem. **Kluczem jest zrozumienie, że odmowa nie jest odrzuceniem Ciebie jako osoby.** Dzięki wyżej wymienionym technikom, możesz zbudować odporność psychiczną, która pomoże Ci przetrwać trudne rozmowy i cieszyć się sukcesami.

Cold calling to sztuka, a Ty jesteś artystą – pamiętaj, że każda rozmowa jest tylko jednym z wielu pociągnięć pędzla na Twoim wielkim płótnie sprzedażowym.

TWOJE CELE W KAŻDEJ SESJI TELEFONÓW

1. Jeśli dopiero zaczynasz w sprzedaży, każdą sesję zimnych telefonów i każde spotkanie traktuj jako trening i rozgrzewkę.

2. Zawsze szanuj swój czas. Zbyt długie rozgadywanie się i zajmowanie czasu rozmówcy może być źle odebrane.

3. Określ swój dzienny cel w kwestii ilości umówionych spotkań, a nie telefonów, ale ustal też czas np. Godzinę, do której będziesz dzwonił.

4. Pamiętaj, zimne telefony to gra, w którą grają obie strony. To nic osobistego.

5. Zawsze dzwoń w tzw. blokach po 10-20-30 telefonów. Dopiero po osiągnięciu swojego limitu rób sobie przerwę.

6. Nie zrażaj się po pierwszych niepowodzeniach. Zawsze tak jest, a pierwszych 5 telefonów to tylko rozgrzewka przed kolejnymi.

7. Pierwsze telefony wykonaj do najmniej atrakcyjnych potencjalnych klientów. Pozbędziesz się wówczas zbędnej presji.

8. Zawsze bądź dobrze przygotowany do rozmów.

9. Nawet jeśli usłyszysz odmowę, pamiętaj, że odmowa dziś, nie oznacza odmowy za miesiąc, czy rok.

10. Zadbaj o pozyskanie dobrej bazy klientów, do których będziesz dzwonił.

11. Zawsze uśmiechaj się podczas rozmowy, to słychać.

GDZIE SZUKAĆ SWOICH IDEALNYCH KLIENTÓW?

Metod poszukiwania idealnego klienta jest wiele: możesz chodzić „z buta" i liczyć na to, że akurat spotkasz swojego idealnego klienta, zostaniesz do niego wpuszczony lub zainteresujesz kogoś swoją ofertą. Wiara w to, że niczym Ray Kroc[1] zrealizujesz w ten sposób swój Amerykański sen jest równie płonna, co mało realna do realizacji. Łatwiej będzie Ci poszukać ich cyfrowo, zagłębiając się w gąszcz danych. Google Maps to świetne narzędzie, jeśli dobrze znasz topografię miasta (jeśli chcesz działać bardzo lokalnie) i wiesz, czego konkretnie szukasz. W ten sposób możesz w sposób hybrydowy (cyfrowo a jednak fizycznie) podzielić obszar poszukiwań na sektory i oznaczyć wybrane, interesujące cię firmy. Jest to wykonalne, ale nie gwarantuje Ci skali, która pozwoli Ci systematycznie wykonywać dziesiątek telefonów, które pozwolą Ci osiągnąć statystyczny i interesujący wynik. Jeśli działasz na poziomie krajowym, możesz spróbować przejrzeć listy wystawców na

[1] Ray Kroc – uważany za twórcę potęgi firmy McDonald's. Chociaż McDonald's został pierwotnie założony przez braci Richarda i Maurice'a McDonaldów, to Ray Kroc jest często uznawany za osobę, która przekształciła firmę w globalną sieć fast food. Kroc dołączył do McDonald's jako franczyzobiorca w 1954 roku i pomógł rozwinąć sieć na całym świecie, ostatecznie kupując firmę od braci McDonald. Zanim jednak stał się twórcą potęgi McDonald's, był przedstawicielem handlowym sprzedającym miksery do mlecznych koktajli. Jego model pracy polegał na aktywnym poszukiwaniu potencjalnych klientów poprzez ścisłe monitorowanie rynku restauracji, a także odwiedzanie potencjalnych nabywców osobiście, co pozwoliło mu odkryć wyjątkowy potencjał braci McDonald.

targach dużych targach. Będzie to namiastka bazy danych, która byłaby dla Ciebie idealna. A skoro jesteśmy przy bazach danych…

Co powiesz na bazy danych z prawdziwego zdarzenia? To trochę jak skarbnica, w której możesz znaleźć złoto, jeśli wiesz, czego szukać. Pokażę Ci, jak odkryć tych klientów, o których zawsze marzyłeś, co pozwoli wystrzelić Twoją sprzedaż w kosmos!

Bazy danych

W celu pozyskania perfekcyjnie dopasowanej do swoich potrzeb bazy potencjalnych klientów, możesz skorzystać z wielu sposobów. Ja pokażę Ci swój.

Kiedyś w Polsce jedynym i najlepszym znanym mi sposobem było zakupienie bazy z GUS. Tak, Główny Urząd Statystyczny oferuje do sprzedaży bazy przedsiębiorców, z których możesz wybrać firmy spełniające określone, interesujące cię kryteria.

Aktualnie pojawiło się na rynku wiele przedsięwzięć komercyjnych, które są prostsza w obsłudze i współpracy z nimi.

Do swojej bazy możesz wybrać firmy spełniające jeden lub kilka wybranych parametrów, jak np.:

- pierwsze imię przedsiębiorcy
- nazwisko przedsiębiorcy
- forma prawna
- forma własności
- status działalności gospodarczej
- przeważająca działalność gospodarcza (PKD)

- wykonywana działalność gospodarcza (PKD)
- data rozpoczęcia działalności
- województwo
- powiat
- gmina
- miejscowość
- ulica
- kod pocztowy
- adres e-mail
- numer telefonu

I wiele innych kryteriów, które sprawią, że Twoja baza będzie idealnie dopasowana do twoich potrzeb.

PRZYKŁADOWA BAZA IDEALNYCH KLIENTÓW

Dla przykładu jako niezbędne w bazie ja wybrałbym następujące kryteria:

- forma prawna
- status działalności gospodarczej
- przeważająca działalność gospodarcza (PKD)
- miejscowość
- ulica
- adres e-mail
- numer telefonu

Dzięki temu uzyskasz dane firm o wybranej formie działalności np., zarówno JDG, jak i Sp. Z o.o. Firmy, których status jest oznaczony jako: Aktywne, a ich wybrany kod PKD będzie odpowiedni do Twojego idealnego klienta, ale możesz też wskazać więcej, niż 1 kod PKD lub zakupić wiele baz. Co ważne, możesz zaznaczyć, że mają to być firmy jedynie z Twojego miasta, ale dzięki temu, że będziesz miał oznaczone kryteria, takie jak „ulica", będziesz mógł filtrować wyniki po konkretnych lokalizacjach, co pozwoliCiw danym dniu dzwonić lub odwiedzać jedynie firmy z wybranej dzielnicy, a dzięki temu Twoja praca będzie łatwiejsza.

Koniec końców musisz za zamówioną bazę zapłacić, więc dobrze by była ona mocno dopasowana do Twoich potrzeb i byś nie musiał jej kupować ponownie z powodu błędu w jej konstruowaniu. Nie jest to drogie, ale po co płacić dwa razy?

Co powiesz na bazy danych z prawdziwego zdarzenia?

Co ciekawe, w większości krajów świata istnieją firmy, które agregują takie dane, co sprawia, że bez względu na to gdzie się znajdujesz, skąd pochodzisz lub na jaki rynek starasz się wejść ze swoimi usługami, znajdziesz partnera, który dostarczy Ci bazę dopasowaną do twoich indywidualnych potrzeb. W każdym też kraju znajduje się lokalna klasyfikacja działalności gospodarczych, która dla potrzeb statystycznych dzielą firmy w zależności od prowadzonej przez nie działalności. Wówczas poszczególne firmy oznaczone są określonym kodem cyfrowym, który bardzo ułatwia ich identyfikację ze względu na profil działalności.

W tabeli na kolejnej stronie umieściłem przykładowe firmy, które zajmują się tworzeniem i sprzedażą takich baz danych, z podziałem na wybrane kraje, wraz z ich adresem internetowym oraz nazwą lokalnego systemu klasyfikacji działalności, co powinno ułatwić Ci pracę.

Dla przykładu powiem Ci tylko, że ja, kupując bazę przeszło 9000 firm z numerami telefonów z interesującej mnie grupy PKD, zapłaciłem za nią około 700 zł netto, co daje mniej niż 200 euro. Biorąc pod uwagę ilość danych, na którym można dzięki temu pracować, to jest to żaden wydatek.

Przykładowe firmy sprzedające bazy danych z podziałem na kraje

Kraj	Firma	Adres internetowy	System klasyfikacji działalności
Polska	OBEG.pl	obeg.pl	PKD (Polska Klasyfikacja Działalności)
Wielka Brytania	Experian	readycontacts.com	SIC (Standard Industrial Classification)
Niemcy	Statista	statista.com	WZ (Wirtschaftszweige)
Francja	Societe.com	societe.com	APE/NAF (Activité Principale de l'Entreprise)
Włochy	CRIBIS	cribis.com	ATECO (Attività Economiche)
Hiszpania	Infoempresa.com	infoempresa.com	CNAE (Clasificación Nacional de Actividades Económicas)
Szwecja	UC AB	uc.se	SNI (Standard för Svensk Näringsgrensindelning)
USA	Kaspr	kaspr.io	NAICS (North American Industry Classification System)
Australia	Know First	knowfirst.ai	ANZSIC (Australian and New Zealand Standard Industrial Classification)

TWÓJ JĘZYK KORZYŚCI W ROZMOWIE Z KLIENTEM

Jak skutecznie komunikować się z klientem? Jeśli chcesz się wyróżnić, kluczem jest **właściwa komunikacja**. Szczytem jakości jest skuteczne posługiwanie się językiem korzyści.

Co to jest język korzyści?

To umiejętność przekształcania cech Twojej usługi w wartości, które przekładają się na zaspokojenie potrzeb klienta. Dzięki temu, zamiast opowiadać tylko o sobie, skupiasz się na tym, co dla klienta jest ważne.

Podam Ci kilka przykładów, które dotyczą usług sprzątania, ale model ten można zastosować do każdej profesjonalnej usługi lub produktu. Ważne jest, abyś był w stanie zrozumieć, jaką zmianę w życiu Twojego rozmówcy może przynieść korzystanie z Twoich usług.

Język korzyści to potężne narzędzie, które pozwala sprzedawcom skoncentrować się na potrzebach klienta. Oto kilka dodatkowych przykładów dla branży usług profesjonalnych, takich jak sprzątanie obiektów.

WZÓR NA JĘZYK KORZYŚCI

Tworzenie języka korzyści można rozpatrywać jako prosty wzór matematyczny, który przedstawia zależności między cechami, zaletami i korzyściami oferowanej usługi, czy produktu. Poniższy model krok po kroku wyjaśnia, jak stworzyć język korzyści:

1. Zdefiniuj cechę

To jest punkt wyjścia. Cechą może być cokolwiek, co oferujesz w ramach swojego produktu lub usługi.

C = Cecha

2. Określ zaletę

Każda cecha powinna oferować jakąś zaletę. Zaleta to pozytywna właściwość wynikająca z danej cechy.

Z = Zaleta z C

3. Przekształć zaletę w korzyść

Korzyść to to, co klient zyskuje dzięki danej zalecie. Skupia się na potrzebach lub pragnieniach klienta.

K = Korzyść z Z

Podsumowując, coś co moglibyśmy przyjąć za wzór matematyczny, wygląda następująco:

C -> z -> K

Aby zademonstrować ten wzór w praktyce, przyjrzyj się przykładowi w odniesieniu do usług sprzątania:

C (Cecha):

Oferuję przeszkolony personel.

To jest cecha Twojej usługi – profesjonalny i przeszkolony personel.

Z (Zaleta):

Minimalizowanie błędów czy ryzyka źle zrealizowanej usługi.

Zaleta wynikająca z posiadania przeszkolonego personelu polega na tym, że zmniejsza się ryzyko błędów.

K (Korzyść):

Klient nie musi tracić czasu na reklamacje i poprawki.

To jest korzyść dla klienta – nie musi tracić czasu i nerwów na naprawianie błędów. Zyskuje spokój i oszczędza czas oraz gwarancję, że usługa jest prawidłowo realizowana.

Dzięki takiemu wzorowi łatwo zrozumieć, jak budować język korzyści. Każda cecha produktu lub usługi powinna być przekształcana w zaletę, która jest następnie tłumaczona na korzyść dla klienta. To prosta, ale potężna metoda na pokazanie klientowi, dlaczego Twój produkt lub usługa są dla niego korzystne.

JĘZYK KORZYŚCI W PRAKTYCE

Cecha: Oferuję Panu przeszkolony personel.

Zaleta: Minimalizowanie błędów, czy ryzyka źle zrealizowanej usługi.

Korzyść: Klient nie musi tracić czasu na reklamacje i poprawki.

Cecha: Jednolity ubiór pracowników.

Zaleta: Estetyczny wygląd serwisu.

Korzyść: Klient może zaprezentować swoją firmę jako profesjonalną, co jest dodatkowym atutem w pozyskiwaniu nowych klientów.

Cecha: Wysoka suma ubezpieczenia.

Zaleta: Pokrycie kosztów naprawy w razie błędu serwisu.

Korzyść: Klient nie musi zajmować się procesowaniem i ponoszeniem dodatkowych kosztów. Wystarczy zgłosić problem do odpowiedniej komórki i sprawa jest załatwiona.

Cecha: Oddelegowany menadżer.

Zaleta: Nadzór nad serwisem bez dodatkowych kosztów.

Korzyść: Klient nie musi samodzielnie zajmować się organizacją pracy pracowników. Menedżer to swojego rodzaju asystent, który odciąża klienta z codziennych problemów związanych z obsługą serwisu sprzątającego.

P.S. Menedżer nie jest asystentem klienta w tradycyjnym sensie, ale pomaga mu w sprawach związanych z obsługą serwisu, łechcąc ego rozmówcy.

Cecha: Doświadczenie z wielu obiektów.

Zaleta: Skuteczne świadczenie usługi.

Korzyść: Klient zyskuje kompetentnego partnera z doświadczeniem w branży, który potrafi rozwiązywać bieżące problemy.

Cecha: Wiele obiektów w okolicy.
Zaleta: Możliwość delegowania.
Korzyść: Klient nie musi martwić się o zastępstwo w razie zwolnienia, czy choroby pracownika.

Cecha: Wiedza i doświadczenie.
Zaleta: Odpowiednie dbanie o wartość elementów wykończenia.
Korzyść: Specjalista z firmy może proponować działania konserwacyjne, co pomaga zachować wygląd i właściwości powierzchni.

Cecha: Czyste i sprawne narzędzia.
Zaleta: Brak przestojów w pracy, estetyczny wygląd.
Korzyść: Praca wykonywana jest profesjonalnymi narzędziami, a awarie są szybko rozwiązywane.

Cecha: Oferuję specjalistyczne narzędzia do czyszczenia.
Zaleta: Skuteczne usuwanie trudnych zabrudzeń i plam.
Korzyść: Klient zyskuje pewność, że jego obiekt będzie wyglądał schludnie i profesjonalnie, co zwiększa zaufanie klientów i poprawia wizerunek firmy.

Cecha: Wszyscy nasi pracownicy są ubezpieczeni.
Zaleta: Ochrona przed ewentualnymi stratami spowodowanymi przez personel.

Korzyść: Klient nie musi martwić się o koszty napraw, czy roszczenia, co daje mu spokój i pewność w razie problemów.
Cecha: Oferujemy elastyczne godziny pracy.
Zaleta: Dopasowanie do harmonogramu klienta.
Korzyść: Klient może zaplanować sprzątanie w dogodnym dla siebie czasie, co minimalizuje zakłócenia w jego działalności i pozwala na płynne prowadzenie biznesu.

Cecha: Używamy ekologicznych środków czystości.
Zaleta: Bezpieczeństwo dla środowiska i ludzi.
Korzyść: Klient może promować swoją firmę jako przyjazną środowisku, co może przyciągnąć klientów o podobnych wartościach oraz zyskać zaufanie obecnych, którzy cenią odpowiedzialność ekologiczną.

Cecha: Zapewniamy regularny nadzór nad jakością.
Zaleta: Ciągłe monitorowanie poziomu usług.
Korzyść: Klient nie musi samodzielnie kontrolować jakości sprzątania, co oszczędza mu czas i zapewnia pewność, że usługa będzie zawsze na najwyższym poziomie.

PODSUMOWUJĄC

Język korzyści to tłumaczenie cech produktu na język potrzeb klienta. Jeśli klient ma określoną potrzebę, musisz pokazać, jak Twój produkt może ją zaspokoić. Nie wystarczy powiedzieć, że dostanie pracownika na trzeciej zmianie za określoną kwotę. Musisz jasno komunikować, jakie problemy rozwiązujesz i jakie korzyści klient zyska dzięki Twojej ofercie rozwiązania istniejącego problemu.

Stosując język korzyści, trafisz w czuły punkt klienta. Otworzysz mu wrota do nirwany, a sam będziesz czerpał korzyści z długotrwałej współpracy. Pamiętaj jednak, że praca się tu nie kończy. Od rozpoczęcia kontraktu musisz dbać o klienta, aby nie musiał szukać dla Ciebie zastępstwa. O tym, jednak w innych moich publikacjach.

ZAKOŃCZENIE

Gratulacje, dotarłeś do końca tej podróży po świecie zimnych telefonów! Mam nadzieję, że była to dla Ciebie ciekawa i inspirująca podróż, a ja dobrze wypełniłem rolę Twojego przewodnika.

Ale nie daj się zwieść, to dopiero początek. Jeśli dobrze przygotowałeś się do tego wyzwania, masz teraz solidne podstawy, by stać się prawdziwym mistrzem cold callingu.

Kluczem do sukcesu jest konsekwencja i determinacja. Nie zrażaj się początkowymi porażkami, bo są one częścią procesu.

Pamiętaj, że zimne telefony to gra strategiczna. Dobre przygotowanie, używanie języka korzyści i umiejętność radzenia sobie z obiekcjami to Twoje narzędzia do zdobywania nowych klientów. Pamiętaj też, że każdy telefon to okazja do nauki. Rób notatki, analizuj swoje rozmowy i stale doskonal swoje umiejętności.

Gratulacje! Dotarłeś do miejsca, w którym SUKCES jest już tylko w Twoich rękach!

Na koniec, nie zapominaj o jednym – cold calling to nie tylko sprzedaż, to także budowanie relacji. Skupiaj się na klientach, zrozum ich potrzeby i oferuj wartościowe rozwiązania. W ten sposób stworzysz długotrwałe partnerstwo, które przyniesie korzyści zarówno Tobie, jak i Twoim klientom.

To tyle na ten moment, ale to nie koniec Twojej przygody. Teraz, uzbrojony w wiedzę i umiejętności, ruszaj i zdobywaj świat sprzedaży. Powodzenia i pamiętaj – zawsze uśmiechaj się podczas rozmowy, bo Twój piękny uśmiech słychać nawet przez telefon!

POWODZENIA!

P.S.

Chcesz się ze mną podzielić swoimi doświadczeniami lub zadać mi pytanie? Napisz do mnie na adres wojciech@cleanmode.pl z przyjemnością udzielę Ci odpowiedzi.

www.ingramcontent.com/pod-product-compliance
Ingram Content Group UK Ltd.
Pitfield, Milton Keynes, MK11 3LW, UK
UKHW021654190726
13853UKWH00001B/254

9 788397 221826